Gestione Del Tempo: Come Essere Focalizzati E Produttivi

Ryan Flynn (Autore)

Daniele Giuffre` (Traduttore)

Indice

Introduzione 1

Capitolo 1: Identificare Le Cose Che Ti Fanno Perdere Tempo 4

Assassini Del Tempo 4

Capitolo 2: Semplificare Le CosePensando Al Futuro .. 9

Come Rendere Al Meglio Il Tuo Tempo 9

Capitolo 3: Dare Priorità Alle Cose 13

Capire Cosa È Importante 13

Capitolo 4: Fare Delle Liste 17

Organizzare La Propria Vita 17

Capitolo 5: Come Evitare Di Sovraccaricare Te Stesso 21

È Buono Rispondere Di NO 21

Capitolo 6: Fare Un Programma E Attenersi A Esso ... 25

Introduzione

Questo libro contiene informazioni per aiutare chiunque a lottare con la Gestione del Tempo. Comprende tutti i passi che si possono usare quotidianamente per semplificare la propria vita di più e renderla anche più agevole.

Tu lotti per fare tutto nel tempo che hai? Hai la sensazione di avere sovraesteso di più te stesso? Hai dei problemi nel provare a ricordarti qualsiasi cosa che devi fare? Per molti di noi è così, ma non deve continuare ad andare avanti in quel modo.

Questo libro ti aiuterà a fissare quei problemi con semplicità per seguire le istruzioni e gli esempi. Ciascun capitolo ti dà l'abilità di continuare a redigere continuando al seguente.

Tutti vogliono avere più tempo e avere successo allo stesso modo. Seguendo i passi in questo libro, questo si può ottenere. Dentro di te hai tutto quello che ti serve per ottenere questo.

La Gestione del Tempo può assomigliare a un compito impossibile per molti. Ma implementando le strategie provate in questo libro nella tua vita cambiare tutto quello.

Imparerai come prendere il controllo della tua vita e del programma, eliminare gli assassini del tempo prima che diventino un problema, e come dare priorità ai compiti quotidiani proprio come imparare a fare e mantenere un programma per soddisfare i tuoi bisogni.

Dopo la lettura di questo libro e avere usato le abilità che imparerai, lo stress e le mancanze nella gestione del tempo saranno una cosa del passato.

Mi piacerebbe ringraziarti personalmente per il download. Congratulazioni, questo è il primo passo verso la presa di controllo del tuo tempo prezioso. Spero che questo libro ti pia

Capitolo 1: Identificare Le Cose Che Ti Fanno Perdere Tempo

Assassini Del Tempo

Molte persone pensano di non avere perso tempo, ma invece è così. Forse pensi di non avere abbastanza tempo. Forse pensi che non ci sia tanto che deve essere fatto. O forse un po' di entrambe le cose. Mentre potrebbe essere vero che hai troppi compiti, tutti hanno delle cose che devono fare quotidianamente e che fanno perdere loro del tempo.

Le persone non si rendono conto neanche della quantità di tempo che hanno perso quotidianamente nelle proprie vite. Di solito delle cose semplici che pensiamo ci possano fare perdere pochi minuti, ma che al contrario si accumulano rapidamente. E nel corso di una giornata, possono essere sommate delle ore di tempo perso che non potrai mai più recuperare. Per usare il proprio tempo con saggezza, per prima cosa si deve identificare dove sonole proprie debolezze.

Se trascorri una giornata solo a scrivere tutte le cose che fai, non ci vorrà molto tempo per cominciare a vedere dove sono i problemi. Dovresti persino cominciare ad annotarle immediatamente. Solo nella consapevolezza che si tratta del primo passo nel processo di identificazione delle cose che ti fanno perdere tempo.

Gli assassini del tempo a volte hanno la meglio su di noi. Queste sono le cose che ti fanno ritardare, senza raggiungere i propri obiettivi, senza riuscire a completare i compiti o solo facendoti perdere la traccia del tempo. Naturalmente tu vuoi fare le cose e se hai il motore e la motivazione, allora devi guardare dove va il tuo tempo. Ci sono molte cose. Al di sotto ci sono esempi di cose che devono essere fatte e che ti fanno perdere tempo.

- Trascorrendo troppo tempo sui Social. Per esempio: Facebook, Twitter, Tumblr, Instagram, oppure anche siti di appuntamenti. Tu dovresti solo controllare quella cosa molto velocemente per vedere che cosa sta accadendo, ma a quel punto scopri che stai vedendo dei video oppure scorrendo per un'ora. Accade al meglio di noi ogni tanto. Ma se tu sei

consapevole di non potere fermare questa abitudine. Oppure renderla una parte del tuo tempo personale.
- Procrastinare. (Questo è uno dei più grandi assassini del tempo. Mettere da parte le cose perché pensi che si possano fare dopo). Se tu continui a mettere da parte qualcosa solo perché non ti piace, non andrà meglio in nessun modo quando alla fine ometti di farlo. Potrebbe essere peggio perché hai avuto molto tempo per pensarci. Fallo e continua ad andare avanti.
- Sovraccaricandoti. Tu non puoi stare dappertutto nello stesso momento. Non ti devi sentire sempre obbligato e fare le cose che la gente ti chiede di fare. Pensa sempre a quello che devi fare per primo e assicurati di avere il tempo. Dovrai accettare il fatto che la gente da te si aspetterà sempre delle cose e che va bene lasciarle da parte qualche volta.
- Guardare troppa televisione. Darti un limite temporale. Un'ora al giorno di solito è abbastanza rilassante e anche stare di fronte alla televisione. E tu puoi trovare delle piccole cose per prenderti cura della durata delle pause commerciali. Potresti pulire la cucina,

andare a fare una passeggiata con il cane o persino fare qualche piccolo esercizio. Non lasciare che Netflix o Hulu ti risucchino. È facile solo cominciare a cliccare per vedere l'episodio seguente e prima che te ne renda conto, metà della giornata è passata.

- Trascorrere troppo tempo a guardare il proprio telefono cellulare. (Molte persone sono colpevoli di questa situazione). Il telefono cellulare è un grosso apparecchio, ma non bisogna diventarne schiavo. Se tu non riesci a trascorrere un'ora senza prenderlo, allora stai trascorrendo troppe ore su di esso.
- Preoccuparti di cose che tu non puoi cambiare oppure controllare. Se tu non puoi fare nulla per cambiare una situazione, allora non perdere tempo a preoccupartene. Questa cosa ti consumerà e ti terrà lontano dalle cose che devono essere fatte.

Nel caso di guardare la televisione oppure stare sui social, va bene fare queste cose con moderazione. Dedicare una certa quantità di tempo lontano da queste cose. Facendo quello, e non solo controllare quando ti senti a quel modo, ti farà risparmiare tempo.

Ci sono molte cose che ci fanno perdere tempo. Queste cose sono diverse per ciascuno, ma il risultato è il medesimo. Smettiamo di lavorare troppo ed essere stressati senza un risultato evidente, perché non terminiamo mai le cose che devono essere fatte. Quando tendi a non fare le cose, questo ti provoca dello stress e ti fa perdere anche più tempo. È un circolo vizioso ma tuhai la forza di fermarlo. Adesso è il momento per te di riprenderti la vita e il tempo.

Puoi essere produttivo ed avere successo. Il primo passo è identificare cosa ti fa perdere tempo e cominciare a eliminarlo.

Capitolo 2: Semplificare Le CosePensando Al Futuro
Come Rendere Al Meglio Il Tuo Tempo

Pensare al futuro potrebbe essere il modo migliore per cominciare a essere più efficiente con il tuo tempo. Se tu hai un sacco di cose da fare, comincia a pensare a come farle nel migliore dei modi. Questo semplice passo ti può salvare parecchio tempo a lungo termine. Potresti pensare di non avere tempo per questo passo ma è il più importante. Correre in testa a qualsiasi compito non porterà a niente. Prendersi il tempo per pensarci e pianificarlo. Ci dovrebbero volere 10 o 20 minuti della tua giornata ma è meglio che perdere ore per qualcosa che ti potrebbe solo prendere alcuni minuti se ci hai pensato in anticipo.

Alcune volte tu devi solo dire di sì alle cose prima di conoscere ciò che è coinvolto. Prendersi il tempo non solo per pensare che cosa hai intenzione di fare ma anche se tu dovresti farlo. Ti porta un beneficio in qualche modo? Ti semplificherà di più le cose, in qualche modo? Pensare al futuro ti può aiutare a smettere di prendere decisioni che potrebbero portare delle conseguenze avverse.

Non sembra sempre che le persone che hanno più successo siano sempre un passo avanti rispetto al resto di noi? Bene, questo perché lo sono. Loro pensano sempre al futuro. Loro possono concepire dei risultati multipli della situazione e hanno un piano per ciascuno di essi. Loro comprendono che si ha bisogno di una pianificazione per quasi tutti i compiti che loro si assumono. Non ci vuole molto tempo e anche tu puoi essere proprio come quelle persone di successo. Tutto quello che devi fare è cominciare a pensare al futuro. Immagina il risultato della situazione e pianificalo. Ma non solo il risultato che vuoi, pensa anche a quelli che non vuoi. Non è negativo, è in preparazione.

Di seguito ecco un esempio su come provare a gestire i tuoi compiti prima di eseguirli.

Per esempio:
Immagina di avere tre compiti da dover portare a termine domani. Il cane deve andare alla toletta, tu devi fare il tuo lavaggio a secco e fare la spesa.

- Ovviamente non puoi portare il tuo cane al negozio di alimentari o le lavanderie a secco.
- Perderesti del tempo per portarlo ad essere curato, aspettare che abbia fatto dopodiché riportarlo a casa.
- Allora porti il cane alla toeletta e allora tu puoi fare gli altri due compiti mentre lui sta facendo la toelettatura.
- Adesso stai facendo i tuoi due compiti mentre il cane sta facendo la toelettatura.
- Le Lavanderie A Secco sono proprio lungo la strada dalla toiletteria. Ha un senso andare avanti e raccogliere il tuo lavaggio a secco prima di tutto.
- Dopo di quello puoi andare al negozio di alimentari e raccogliere quello di cui hai bisogno.
- Per quando lo hai fatto ci dovrebbe essere il tempo per raccogliere il tuo cane e poi andare a casa.

Invece di perdere metà del tuo tempo provando a fare queste tre cose, tu adesso sai di avere molto più tempo. Solo pensando al futuro e pianificare le cose ti può salvare moltissimo tempo. Tre compiti che ti potrebbero avere occupato una buona porzione della tua giornata sono stati coniugati. Adesso hai molto più tempo per lavorare su altre cose.

Questo può funzionare su tutte le aree della tua vita per gestire il tempo più semplicemente e in maniera più efficace. Puoi usare questa abilità per un giorno a casa a pulire oppure se stai facendo un viaggio.

Per esempio:

Pensa di care una gita fuori città. Potresti avere bisogno di cose che non puoi trovare lì. Oppure potresti avere dei problemi nel localizzare le cose vicino al tuo hotel. Se pensi al futuro e fai una piccola ricerca, tutto quello può essere eliminato. Per prima cosa procurati una mappa. Cambia i soldi all'aeroporto. Tutte queste cose ti faranno risparmiare tempo e farti godere di più il viaggio.

Adesso che stai identificando le cose che ti stanno facendo perdere tempo e pensando al futuro potresti solo avere il meglio da qua.

Capitolo 3: Dare Priorità Alle Cose

Capire Cosa È Importante

Adesso che stai pensando al futuro, puoi cominciare a mettere le cose in ordine d'importanza.

Questo è chiamato dare importanza. Il tuo tempo è molto importante e alcune volte perdiamo troppo tempo su cose di cui non abbiamo bisogno senza dare abbastanza importanza alle cose che facciamo. Trascorri un'ora a parlare con qualcuno al telefono riguardo al loro gatto e nel corso di quel tempo avresti potuto fare altre cose. Non c'è nessuna necessità di mettere il gatto di qualcuno sopra il tuo benessere o la tua necessità di lavare i piatti.

Potresti avare centinaia di cose da fare, ma devi dare loro un certo ordine. Qual è la cosa più importante che devi fare, oppure la più urgente? Quello è ciò che dovrebbe essere in cima alla lista. Qualsiasi altra cose può essere sistemata dopo.

Qual è la più importante è la prima domanda a cui devi rispondere.

Poi anche, pensa alle cose che non sono molto importanti. Hai veramente bisogno di farle? Sono delle cose che potrebbero essere eliminate senza che ci sia alcuna conseguenza? Se è così, allora comincia a cancellare le cose non necessarie. Se ciò non ti porta nessuna conseguenza alla vita oppure al futuro e possono essere eliminate, allora fallo.

Per esempio: Hai degli abiti vecchi che devono essere portati al negozio dell'usato ma si trova dall'altra parte della città. Per te non ha alcun senso andarci oggi se hai un appuntamento dal dottore in fondo alla strada e poi prendere i bambini dal doposcuola nella direzione opposta. Perché correre da tutte le parti nel corso di tutta la giornata quando potresti solo riprogrammare il gettare i vestiti per un'altra giornata.

Solo perché hai parecchie cose da fare, non significa che sei costretto a farle per forza tutte in un giorno. Spargi i compiti meno importanti che possono essere fatti in altri momenti. Ed elimina quelli che non hai bisogno di fare o che puoi delegare a qualcun altro.

Da lì devi solo riordinare tutti i tuoi compiti. Fai un piano di come e quando le potrai fare. Se la tua lista diventa troppo lunga o troppo complicata, semplifica e rimuovine qualcuna. Se hai tre o quattro compiti da adempiere che si trovano nella stessa area oppure nello stesso momento, riuniscili. Questo non solo accorcerà la tua lista ma ti farà risparmiare tempo. E chi non ha bisogno di più tempo? Quando arrivi a questo punto tutto comincerà a venire insieme.

Dando una priorità ai tuoi compiti, ti assicuri che ti prenderai sempre cura delle cose più importanti. Tu diventi molto più abile e così facendo risparmierai tempo. Questo ti darà molto più tempo per le cose che ti piacerebbe fare, come se si trattasse sempre di provare e di non riuscire a ottenere le cose che devono essere fatte.

Assicurati che quando stai sistemando le tue priorità, di mettere da parte un po' di tempo per te. Non devi sempre essere in movimento. Se puoi, riposati almeno per un'ora. Tu sei la priorità numero uno. Se ti prendi cura di te stesso, qualsiasi altra cosa sarà molto più semplice.

La tua felicità dovrà sempre stare in cima alla lista. È più semplice fare qualcosa con un sorriso piuttosto che farla e basta se ti senti esausto e stressato.

Capitolo 4: Fare Delle Liste
Organizzare La Propria Vita

Un buon modo per gestire il proprio tempo è facendo delle liste. È provato che fare delle liste aiuta a risollevarsi dallo stress e dall'ansia. Questo è il punto dove il pensare al futuro e mettere in ordine di priorità i tuoi compiti entrano in gioco.

Le liste possono semplificare molto le tue cose tirando fuori le congetture di quello che devi fare e in quale ordine. Meno tempo trascorri nel fare ciò, più tempo hai per fare le cose.

Solo prendendosi pochi minuti della propria giornata (sia prima che vai a dormire sia quando ti alzi la mattina) per fare una lista, ti risparmierà un sacco di tempo a lungo termine. Questo è utile non solo con i compiti che hai bisogno di fare ma anche per le cose che devi fare per ciascun compito.

Puoi fare delle liste multiple. Come ad esempio: Lista delle cose da fare oggi – questa sarebbe una lista delle cose che devio fare nella giornata di oggi.

Lista delle cose da fare successivamente – questa sarebbe una lista delle cose che dovrebbero essere fatte ma che non sono molto importanti.

Puoi anche fare una lista principale delle cose che devono essere fatte.

Per esempio: Una lista della spesa. Se tu vai al negozio di alimentare senza una lista, che cosa avrai nel carrello quando esci? Probabilmente molte cose dio cui non avevi bisogno innanzitutto. In questa situazione una lista ti potrebbe non solo avere fatto risparmiare tempo ma anche denaro.

Puoi suddividere la tua lista in categorie per renderla molto più semplice per te.

Per esempio:

Mattina	Mezzogiorno	Sera
Portare fuori l'immondizia	Andare all'ufficio postale	Andare in palestra
Fare colazione	Prendere il pranzo	Cenare con Pam

Oppure puoi solo scriverle in ordine secondo il momento in cui devono essere fatte nel corso della giornata.

1. Portare fuori l'immondizia
2. Fare colazione
3. Andare all'ufficio postale
4. Prendere il pranzo
5. Andare in palestra
6. Cenare con Pam

Ci sono molti modi diversi per stilare una lista. Scoprire qual è più funzionale per te. Risistemarla fino a quando non si trova quella giusta. Dopo avere fatto la lista, fare un programma è molto più semplice.

Quando stili le liste multiple con cui tu terminerai, ciò ti aiuterà a stilare un programma completo. Compilare tutta la lista prima di tutto ti aiuterà ad assicurarti la gestione del tempo che non solo funziona per voi ma anche con te in maniera individuale.

Non c'è un'unica strada che funziona per ciascuno, così trascorrendo del tempo a capire cosa funziona meglio è la cosa migliore per andare. Anche quando trovi una strada che funziona, non avere paura di alterarla se ti serve un cambiamento. Essere flessibile è un'altra grande abilità da acquisire.

Capitolo 5: Come Evitare Di Sovraccaricare Te Stesso
È Buono Rispondere Di NO

Alcune volte noi sovraccarichiamo noi stessi e non ce ne rendiamo conto. Tu accetti le cose, pensando che hai più di abbastanza tempo. Anche, perché non vuoi lasciare le persone giù a dipendere da te. Ma è buono dire di no. Non puoi stare dappertutto nel medesimo istante così non spingerti a farlo. Non è buono per la tua salute fisica e mentale essere stressato o sovraccaricato di lavoro per tutto il tempo. Per tutto il tempo le persone ti stanno chiedendo dio fare le cose per loro perché non vogliono farle e sanno che tu dirai di sì. Ma molte delle cose che ti stressano o ti stirano troppo sono cose che puoi aggiustare.

Un buon esempio è:

Se un buon amico sta andando in vacanza e loro hanno bisogno che tu vada vicino alla loro casa per dare da mangiare al gatto e innaffiare le loro piante. Tu vuoi aiutare e ti senti in obbligo perché loro ti hanno aiutato in passato o loro sono, veramente un buon amico. Ma il programma da fare significherebbe che tu devi stare lì tutte le mattine e tutte le sere. Tu già sai che se tu devi fare questo tutte le mattine, non arriverai al lavoro in tempo o sarai in grado di fermarti a fare colazione. Tu devi anche andarci la sera e questo significa che non puoi andare in palestra. La risposta ovvia è rispondere loro di no, ma non sembra che tu lo possa fare. Tutti noi siamo incappati n una situazione del genere in precedenza. Potrebbe sembrare che tu li stai deludendo se rispondi di no, ma i tuoi bisogni devono venire prima. Se in quella situazione non puoi completare le tue abitudini giornaliere, allora non bisogna farle.

Se hai dei problemi nel dire di no alle persone, di seguito sono elencati dei buoni modi che ti possono aiutare:

- Dì loro che ti serve del tempo per pensarci e guardare il tuo programma. Dì loro che ritornerai indietro da loro se ne hai la possibilità.
- Dì loro onestamente, che hai già troppi impegni. Se sei onesto, molte persone ti capiscono.
- Suggerisci che loro trovino qualcun altro che li aiuta meglio con le loro necessità.

Quando si tratta di ciò, prima di tutto devi avere del tempo per te stesso. Se sei stressato e allungato fino al limite, non riuscirai ad eseguire i tuoi programmi. Questa cosa ti stressa ed eventualmente avrai un effetto avverso alla tua salute. Non è egoista mettere i tuoi bisogni prima di tutto. Se sei in buona salute e non stressato riuscirai fare molte più cose.

Dopo avere pensato al futuro e fatto le loiste, avrai una comprensione migliore delle cose che devi fare. Se qualcuno ti di fare qualcosa per loro, assicurati di dare un'occhiata a quello che devi già fare prima di accettare. Le tue priorità vengono per prime e gli altri ne devono essere consapevoli. Quando si rendono conto che tu potrai fare solo qualcosa per loro se è nel tuo programma, saranno anche più consapevoli dei tuoi bisogni. Per questo motivo non stare male se devi dire loro che non puoi fare qualcosa, e spiega il motivo.

Evita di sovraccaricare le tue giornate tenendo un calendario. Può essere cartaceo o digitale (al tuo telefono o computer), sii solo sicuro che stai usando questa cosa.

Tieni in considerazione che alcuni compiti non sono più lunghi di altri e chiedi sempre una stima di quanto lo siano alcuni. Questo semplificherà di più la consapevolezza se tu hai del tempo per fare tutto sulla tua lista. Se ti rendi conto di non avere il tempo di fare le cose, lascia che qualcuno lo sappia. Tu non puoi in alcun modo farlo e dare loro una spiegazione. Non sentirti a disagio.

Il tuo tempo e il tuo benessere sono anch'essi importanti e se loro si preoccuperanno di capire. Se tu non puoi riprogrammare l'attività allora chiedi se loro trovano qualcun altro per farsene carico. Potrebbe volerci un po' ma tu ne prenderai il peso e ciò diventa più semplice. Prenditi solo il tempo e fallo funzionare per te.

Capitolo 6: Fare Un Programma E Attenersi A Esso

I programmi possono semplificare di più la vita. Tu puoi usare un calendario, il tuo telefono oppure anche solo un taccuino. Tutte le persone più di successo tengono un programma. Questa è l'unica cosa più importante che devi avere. I programmi ti possono aiutare a tenere traccia del tempo e delle cose che devono essere fatte e che hanno bisogno di fare.

Quando hai degli impegni, assicurati di scriverli nel tuo programma nell'immediato. Facendo questo, puoi vedere esattamente dove hai tempo di fare altre cose. Sii sicuro di pensare al futuro quando stai programmando di darti il tempo di arrivare a diversi eventi o impegni. Quando hai degli impegni 20 minuti l'uno dall'altro e ti ci vogliono 30 minuti per arrivare al secondo, tu non hai abbastanza tempo.

I calendari sono la cosa migliore perché li puoi appendere al muro oppure tenerli sulla tua scrivania. Per questo motivo quando qualcuno chiama oppure tu devi fissare un appuntamento, tutto quello che devi fare è guardarlo. È anche utile se ci sono altre persone dentro casa tua che hanno delle cose da programmare allo stesso modo. È molto importante se devi portarli a questi appuntamenti oppure altri eventi. È una cosa che dovrai osservare tutti i giorni, così è più difficile per te dimenticare. Lo rende anche più difficile per altre persone pianificare eventi sovrapposti.

I telefoni hanno sempre un calendario. Puoi consultare le informazioni all'interno dio essi per tenere traccia del tuo programma giornalmente, settimanalmente o persino anche mensilmente. Puoi anche aggiungere degli allarmi e degli appunti nel calendario per ricordarli. Ciò può essere uno dei migliori strumenti quando devi gestire il tuo tempo. Questo è particolarmente utile per le persone che devono assumere dei farmaci. Puoi impostare degli allarmi per assicurarti di arrivare in tempo e allo stesso orario tutti i giorni.

Anche i computer hanno dei calendari. Questa cosa è buona per coloro che trascorrono parecchio tempo al computer per lavoro. Puoi solo aprirlo e vedere quella che avevi pianificato.

Se non hai altro, puoi scrivere un programma in un taccuino. Anche questo può essere utile in aggiunta a un calendario o al tuo telefono. Se non sei vicino al calendario, al computer o il telefono è scarico, è buono avere un taccuino. Ne puoi trovare alcuni piccoli quasi in ogni negozio. Lo puoi conservare dentro la tua tasca, la tua macchina, scrivania oppure portafoglio per un semplice accesso.

Questo è l'esempio di un programma quotidiano:

Ore 7 – fare colazione.
Ore 8 – andare all'ufficio postale a prendere un pacco.
9:15 – appuntamento al Kelly's Salon (1 ora)
10:45 – raccogliere i panni lavati a secco
11:20 – incontro con Erin al Sam's Deli per pranzo (1 ora)
12:45 – andare in Palestra
14:00 – andare al lavoro (4 ore)
18:00 – andare a casa e preparare la cena
20:00 – avere un po' di tempo per me
21:00 – farsi la doccia e andare a letto

Se preferisci fare un programma settimanale potrebbe funzionare quasi allo stesso modo.

Ecco qui un esempio di un programma settimanale:

Lunedì – incontro con Erin al Sam's Dali per pranzo alle 11:20
Martedì – appuntamento con i dottori alle 10:15, incontro calcistico di Billy alle 18:00 (portare rinfreschi)
Mercoledì –raccolta dei rifiuti (portare il bidone per l'immondizia sul marciapiede prima del lavoro), raccogliere i panni portati in lavanderia alle 16:00
Giovedì – chiamare il giornale per rinnovare l'abbonamento (in qualsiasi momento dopo le 9:00)
Venerdì – portare Kelly a casa di Angela al pigiama party alle 17:00, Andare a cena da Sanders alle 19:00
Sabato – Giornata libera
Domenica – prendere Kelly da casa di Angela alle 10:45, Pittura con le dita con i bambini tutto il pomeriggio

Non deve essere preciso. Puoi mettere degli orari approssimativi per parecchie cose, a meno che non sia un appuntamento programmato. Questo punto deve essere una struttura per la tua giornata e per te per sapere dove si trova il tuo tempo libero, se puoi adattarti a qualsiasi cosa. Puoi anche prendere degli impegni più grossi che hai bisogno siano fatti e dividerli in impegni più piccoli nel corso della giornata se quello funzionerà meglio per te. Avere un progetto enorme può diventare travolgente se tu pensi di farlo tutto insieme. Se è possibile farne un po' e in seguito fare qualcos'altro,e tornare indietro più tardi, non sembrerà così travolgente.

Pianifica il tuo programma, tenendo conto dei momenti migliori per te. Tu sei una persona mattiniera? Allora pianifica i compiti più duri per la mattina. Lavori meglio nel pomeriggio? Allora quello potrebbe essere il tuo periodo indaffarato. E allora ci saranno sempre alcune cose che porteranno dei problemi lunghi o imprevisti. Tu dovresti rimuovere qualcosa oppure aggiungere qualcosa al tuo programma. Sii flessibile e ciò andrà tutto bene. Ma avendo un programma avrai meno stress se hai qualcosa che sale.

Di nuovo grazie per fare il download di questo libro!

Spero che questo libro ti possa aiutare a capire dove stai avendo dei problemi con la Gestione

Del Tempo, e che cosa puoi fare per aggiustare questa cosa.

Il passo seguente è mettere in pratica tutto quello che hai imparato in questo libro.

Alla fine, se hai apprezzato questo libro e lo hai trovato utile, vorresti gentilmente essere abbastanza cortese di lasciare una critica su questo libro? Potrebbe essere molto apprezzata?

Clicca qui per lasciare una critica per questo libro!

Grazie e buona fortuna!

Copyright 2016 – Tutti i diritti riservati

Questo documento è orientato per fornire un'informazione esatta e affidabile riguardo all'argomento e al problema trattati. La pubblicazione è venduta con l'idea che l'editore non è tenuto a rendere servizi qualificati contabili, autorizzati ufficialmente, o altro. Se è necessario un consiglio, legale o professionale, dovrebbe essere ordinato un individuo praticante nella professione.

- Da una Dichiarazione dei Principi che sono stati accettati e approvati ugualmente da un Commissione dell'American Bar Association e da una Commissione di Editori e Associazioni.

In nessun modo è possibile riprodurre, duplicare o trasmettere qualsiasi parte di questo documento sia tramite mezzi elettronici sia tramite mezzi di stampa. La registrazione di questa pubblicazione è strettamente proibita e qualsiasi archiviazione di questo documento non è permessa a meno che non ci sia un permesso scritto da parte dell'editore. Tutti i diritti riservati.

Le informazioni fornite nel presente documento sono dichiarate come veritiere e coerenti, in quanto qualsiasi responsabilità, in termini di disattenzione o altro, da qualsiasi utilizzo di politiche, processi o indicazioni contenute all'interno è la responsabilità solitaria e completa del lettore destinatario. In nessuna circostanza sarà ritenuta responsabile o colpevole nei confronti dell'editore per eventuali riparazioni, danni o perdite monetarie dovute alle informazioni contenute nel presente documento, direttamente o indirettamente.

I rispettivi autori possiedono tutti i diritti d'autore detenuti dall'editore.

Le informazioni qui fornite sono solo a scopo informativo e sono universali in quanto tali. La presentazione delle informazioni è senza contratto o qualsiasi tipo di garanzia.

I marchi utilizzati non hanno alcun consenso e la pubblicazione dello stesso è senza autorizzazione o supporto da parte del proprietario del marchio. Tutti i marchi e quelli all'interno di questo libro sono solo a scopo di chiarimento e sono di proprietà dei proprietari stessi, non affiliati a questo documento.

www.ingramcontent.com/pod-product-compliance
Lightning Source LLC
Chambersburg PA
CBHW050034230526
45470CB00003B/1266